Construisez votre communauté pour réussir

Contenu

Introduction

Les récompenses ont le potentiel d'être un outil puissant pour nourrir une communauté à mesure qu'elle grandit, mais toutes les récompenses ne sont pas créées de la même manière pour ceux qui encouragent les communautés. Vous devez être conscient des deux formes différentes d'incitations. Les incitations intrinsèques viennent en premier. Cette technique valide les efforts de vos membres sans envoyer quelque chose de tangible, par opposition à l'envoi d'un produit réel. Cela peut se faire en fournissant des e-mails de remerciement, un accès au matériel VIP, des mentions publiques, etc. Les membres sont moins susceptibles de contribuer uniquement dans le but de recevoir des récompenses dans le cadre de ce type de structure de récompense. Les avantages extrinsèques sont les seconds. Dans ce scénario, vous fournissez aux membres de votre communauté des objets tangibles comme du swag et d'autres choses.

Une entreprise prospère est une entreprise qui génère suffisamment de revenus pour réaliser un profit chaque année, pour le dire simplement. Cependant, créer une communauté de soutien autour de votre marque, de votre service ou de votre entreprise est une tactique souvent utile si les propriétaires d'entreprise souhaitent maintenir ce succès dans le temps. Cela encourage la fidélité et l'enthousiasme des fans en offrant à vos consommateurs un espace pour communiquer avec vous, votre personnel et d'autres clients.

Mais créer un environnement favorable pour votre entreprise demande des efforts et une stratégie bien pensée ; cela ne se fait pas du jour au lendemain. Dix membres du Conseil des jeunes entrepreneurs offrent leurs meilleurs conseils sur le développement communautaire pour aider.

Comment crée-t-on une nouvelle communauté ?

J'ai récemment offert six leçons clés sur ce sujet. Mais je connais vos vrais désirs : une procédure simple. Comment crée-t-on exactement une communauté ? Comment allez-vous le démarrer ? Quelles sont les procédures ?

J'ai choisi de proposer ma méthode pour créer de nouvelles communautés à partir de rien car je reçois beaucoup cette question.

Ces étapes ont été utilisées dans toutes les communautés réussies que j'ai créées. J'ai découvert que, qu'ils en soient conscients ou non, la majorité des énormes groupes que vous voyez aujourd'hui ont également utilisé ces 10 étapes pour développer la communauté.

LE BESOIN DE COMMUNAUTE

En ce qui nous concerne personnellement, nos intérêts sociétaux et notre bien-être général sont grandement influencés par notre sentiment d'appartenance à la communauté. Un groupe de personnes qui partagent des intérêts communs peut être assez fort. Un proverbe populaire dit : « Il faut tout un village pour élever un enfant. Si "l'enfant" susmentionné était une marque, un passe-temps ou une organisation, sa valeur découlerait autant de la communauté qu'il a cultivée autour de lui que du produit lui-même. Aujourd'hui, tout produit, passion ou entreprise peut grandement bénéficier de cette communauté.

La communauté dans un environnement commercial peut être composée de clients, de clients et d'influenceurs. On parle beaucoup de "marketing d'influence" en ce moment.

Comment fonctionnent les communautés ?

Les gens se réunissent en communautés pour échanger des informations, des expériences et des histoires entre eux. Ils se sentent ainsi plus connectés à ceux qui partagent leurs passe-temps ou leurs passions.

Vous pourriez déjà faire partie d'une communauté, à la fois en ligne et hors ligne. Mais pourquoi est-ce si unique ?

Impliquer vos clients ou d'autres parties intéressées dans le sens profond de votre marque est son principal avantage. En créant un cadre où les individus peuvent apporter leurs propres réflexions, expériences et connaissances, la communauté y contribue. Cela vous permet également de faire de votre marque plus qu'un simple produit ou service, permettant à vos consommateurs de soutenir l'essence de votre entreprise.

Coran Julie Wang sur la façon de rendre les lieux de travail plus heureux

Coran Julie Wang, avocate des droits civiques et livre à succès du New York Times, explique comment elle pense que les lieux de travail pourraient mieux favoriser le plaisir.

La capacité d'une organisation à prospérer et à atteindre ses objectifs peut être considérablement affectée par la culture du lieu de travail. De plus, de nombreux gestionnaires choisissent d'aller au-delà de l'amélioration de la culture en milieu de travail et favorisent plutôt un sentiment de communauté qui encourage une plus grande implication des employés. Passer en revue les méthodes pour atteindre cet objectif peut vous être utile si vous êtes un gestionnaire à la recherche de moyens d'aider les membres de l'équipe à développer des relations plus substantielles au travail. Cet article explique comment favoriser un sentiment de communauté au travail et pourquoi il est crucial de le faire.

Qu'est-ce qu'une communauté en ligne ?

Les communautés en ligne sont simplement des espaces où les gens interagissent les uns avec les autres. Les communautés en ligne sont souvent développées autour de valeurs, de croyances ou d'objectifs partagés.

Les objectifs de votre entreprise détermineront le type de communauté que vous créez. Pour les participants à un fitness programmé pour partager des connaissances et des expériences de transformation, une communauté pour un instructeur de fitness peut ressembler à un groupe Facebook personnel. Pour un photographe, il peut s'agir d'un espace public où des milliers de personnes se rassemblent, échangent des ressources et commentent les photos des autres.

Les communautés en ligne, quelle que soit la plateforme que vous utilisez, sont une approche efficace pour encourager des liens profonds entre vos abonnés, car elles offrent à votre public la possibilité de :

Créez un service des opérations communautaires au sein de votre équipe

Les tâches d'un responsable des opérations communautaires incluent la gestion, le suivi et l'analyse des informations sur l'ensemble des effets commerciaux de votre entreprise. Les experts des opérations communautaires doivent continuellement rechercher des moyens d'améliorer les procédures, les piles technologiques et les plates-formes du point de vue des membres de la communauté et de l'équipe de la communauté. On peut dire qu'un gestionnaire de communauté travaille sur le front-end de la communauté, fournissant du contenu, modérant des discussions, etc. en termes de marketing ou de développement. Le spécialiste des opérations communautaires travaille dans les coulisses pour garantir la qualité, l'intégrité, la cohérence, les métriques, la pile technologique, les plateformes des données et qu'ils fonctionnent tous ensemble et indépendamment.

Créez un espace ouvert pour que les gens puissent se connecter

Bien que le mot « communauté » soit fréquemment utilisé de nos jours, une chose est certaine : si vous ne tissez pas de liens profonds entre vos abonnés, vous n'avez pas de communauté, vous avez un public. Il est essentiel de favoriser une communication ouverte entre vos membres et de promouvoir une discussion ouverte qui ne se concentre pas nécessairement sur vous ou votre entreprise fixant l'ordre du jour. Gardez également à l'esprit qu'une communauté est fondamentalement un désir humain puisque les individus veulent naturellement appartenir et se sentir appartenir. Rappelez régulièrement à votre communauté à quel point elle est chère. Gardez à l'esprit que rien ne peut remplacer une rencontre en face à face. Les communautés en ligne sont des lieux fantastiques pour échanger des idées et faire de nouvelles connaissances.

L'ESSENCE DE LA PERTINENCE

Le partage d'un intérêt commun est fondamental pour ce qu'est la communauté. En fin de compte, la fascination se transforme en applicabilité aux circonstances uniques de chaque personne et de l'organisateur. La pertinence crée un lien et un intérêt partagé entre les parties. Il offre un point focal qui parle d'un besoin ou d'un désir répandu et universel.

L'enthousiasme individuel est insuffisant. Même si quelqu'un peut être intéressé par un certain sujet, s'il n'est pas enthousiaste à ce sujet, il peut être difficile de maintenir cet intérêt dans le temps. Quelqu'un a-t-il la capacité de faire une différence substantielle, même s'il est enthousiasmé par un intérêt particulier ? L'expertise n'est pas la même chose que l'intérêt.

Fidélisation et assistance client améliorées

Au fil du temps, lorsque vos membres s'engageront avec vous, ils développeront un lien plus fort avec votre marque. Les clients deviennent plus dévoués à votre entreprise lorsqu'ils ressentent un sentiment d'appartenance aux communautés. Cela est dû au fait que les participants ont la possibilité de participer et d'ajouter leurs expériences, leurs réflexions et leurs idées à la conversation.

Les membres commenceront à sentir qu'ils ont une part de propriété dans la communauté et qu'il est de leur devoir de la faire réussir lorsque cela se produit plus fréquemment au fil du temps. Cela peut amener plus de personnes à promouvoir votre bien ou service, ce qui aide à faire connaître ce que vous faites.

Pour que tous les intervenants internes au sein d'une structure organisationnelle collaborent efficacement et se sentent confiants dans leurs responsabilités respectives, il est crucial de favoriser la communauté en milieu de travail. Les niveaux de confiance, de respect, d'empathie et de collaboration entre les employés sont souvent plus élevés dans les lieux de travail qui réussissent à établir une communauté. Suite à ces principes fondamentaux, voici quelques avantages particuliers qui peuvent résulter de la création d'une communauté sur le lieu de travail :

Systèmes de soutien : les travailleurs qui se sentent appartenir à une communauté peuvent être plus préoccupés par la réussite et le bien-être de leurs collègues. Par conséquent, dans un tel contexte, les professionnels pourraient avoir accès à un plus haut degré de soutien les uns des autres, ce qui pourrait réduire leur niveau de stress et augmenter leur productivité.

Les avantages d'une communauté d'apprentissage

Les principaux avantages des communautés d'apprentissage sont :

Apprentissage social : Les élèves peuvent apprendre dans les communautés en aidant les autres et en posant des questions.

Réponses plus rapides : Dans les communautés, les questions sont traitées plus rapidement sans attendre la réponse d'un instructeur.

Idées pour créer des cours : Nos meilleurs concepteurs de cours sont attentifs aux questions ou aux difficultés que peuvent rencontrer les étudiants. Ils exploitent ces données pour générer de nouveaux supports de cours ou d'autres offres en anticipant les demandes de leurs étudiants.

Apprentissage par cohorte : L'apprentissage par cohorte favorise le sentiment de communauté souhaité parmi les étudiants tout en améliorant les performances scolaires. Les membres bénéficient d'un solide réseau d'alliés et d'une responsabilisation accrue.

ORGANISMES COMMUNAUTAIRES : COMMENT APPORTEZ-VOUS LE CHANGEMENT ?

Selon l'endroit où vous travaillez et vos objectifs individuels, il existe de nombreuses méthodes différentes pour organiser votre communauté. Chacune des sections spécifiques à la stratégie qui suivent celle-ci comprend des instructions "comment faire" plus approfondies.

Néanmoins, quels que soient vos objectifs finaux , certains fondamentaux restent essentiellement les mêmes. Par conséquent, ce qui suit n'est qu'un résumé général pour vous inciter à considérer l'essentiel.

Vous devez d'abord et avant tout inclure les gens dans vos activités de développement communautaire. C'est là que commence l'organisation communautaire. Vous pouvez y parvenir de diverses manières, notamment par des discussions informelles, des sollicitations de porte à porte et l'utilisation de techniques de recrutement plus officielles.

Créer une communauté en tant qu'entrepreneur

Sans aide extérieure, les hommes d'affaires occupés peuvent complètement ignorer leurs propres exigences. De plus, sans lien avec une base de fans, une marque risque de perdre de vue sa raison d'être.

Pour un entrepreneur, la communauté peut être liée à deux choses :

une équipe de pairs, de parents, de membres de la famille ou d'autres propriétaires d'entreprise fiables qui offrent un soutien, des critiques et des suggestions pour assurer le bon fonctionnement de votre entreprise.

un groupe de partisans de la marque et de clients qui sont liés en ligne par un intérêt commun.

La communauté des deux types est essentielle au succès d'un entrepreneur. Avoir un objectif et un point de vue extérieur peut aider le premier groupe à rester connecté au monde extérieur. Vos amis proches et vos proches peuvent vous critiquer franchement sans être impliqués.

Utilisez des mèmes, des GIF, des vomissements et des citations.

L'utilisation de GIF, d'émoticônes, d'images de citation et de mèmes - qui composent tous le vocabulaire de l'espace des médias sociaux - est une technique parfois ignorée pour créer une communauté. Votre matériel devient plus intéressant, accessible et partageable lorsqu'il est manipulé de manière appropriée, et votre marque devient plus attachante. Enfin, les fans se sentent privilégiés lorsque vous leur proposez des promotions exclusives. En les récompensant pour leur dévouement et leur implication, vous exprimez votre inquiétude pour cette communauté. C'est un exemple fantastique de la façon de renforcer positivement le comportement, et cela se traduit presque toujours par une meilleure affinité avec la marque et une fidélité continue de la clientèle.

Meilleures tactiques pour accroître l'implication de la communauté

Pouvez-vous énumérer des tactiques d'engagement communautaire qui ont été couronnées de succès pour vous ou des succès que vous avez eus en travaillant à l'Alliance ? Comme je viens de le dire, le contenu a toujours été et continuera d'être un élément important de cet aspect d'engagement. Pour un peu de contexte, disons que pendant environ six mois après l'introduction de notre communauté initiale,

Product Marketing Alliance, nous n'avons pas vraiment fourni d'articles payants. Pour nous assurer que lorsque nous aurons ces biens payants, les gens auront cette confiance et ce respect pour nous, tout ce que nous avons fait a été de donner gratuitement des blogs, des rapports, des podcasts, des livres blancs et des webinaires.

Les avantages d'une communauté dans les communautés en ligne B2B facilitent et favorisent l'interaction entre vos consommateurs et votre entreprise. Votre entreprise en bénéficiera de diverses manières, notamment une diminution des tickets d'assistance, une meilleure fidélisation de la clientèle et la possibilité de générer de nouvelles idées de produits. Prenons l'exemple du fournisseur de logiciels B2B Infoland. En engageant leur communauté, ils ont pu améliorer considérablement le service client et détourner 40 % de leurs demandes d'assistance.

Alors, avez-vous envisagé de créer votre propre communauté ? Voici nos dix meilleures suggestions pour commencer.

Combien de temps faut-il pour cela ?

Tout est mis en place pour s'adapter à votre situation. Nous voulons que votre temps dans la communauté en vaille la peine en termes de relations que vous nouez, des leçons que vous en tirez et de l'argent que votre entreprise gagnera en conséquence.

Lorsque vous vous inscrivez pour la première fois, nous vous conseillons de réserver quelques heures chaque semaine pour lire les informations. Vous pouvez le faire par vous-même ou par le biais d'une expérience d'apprentissage en direct. Après vos quatre premières semaines, vous parlerez notre langue et pourrez comprendre comment profiter de la communauté et des activités au fur et à mesure qu'elles se déroulent.

À long terme, même pendant les périodes mouvementées, nous vous conseillons de participer à notre événement de planification saisonnière quatre fois par an, en visitant les heures de bureau une fois par mois.

Si vous essayez de faire une différence dans le monde , vous savez que c'est une bataille sans fin, une bataille qui peut vous épuiser même lorsque votre travail est gratifiant et encourageant. Vous aurez peut-être besoin de temps pour prendre du recul, vous détendre et reprendre votre souffle dans un espace où vous pourrez vous étendre et regarder au loin.

Nous avons créé le programmeur résident Windfall en réponse à cela. Il a servi de havre de rajeunissement et de retraite pour ceux qui travaillent pour le changement social depuis 1989. Notre objectif principal est de respecter et de soutenir les personnes qui consacrent leur temps et leurs efforts à la réalisation d'une société plus égalitaire. Si vous avez travaillé dur et avez besoin de prendre du recul pour évaluer

C'est plus simple que vous ne l'imaginez créer une communauté de marque forte.

Ces formidables communautés de marques ont toutes la particularité d'être à l'écoute des préoccupations de leurs publics cibles. Ces 8 entreprises ont créé une communauté centrée sur l'aide à leurs consommateurs pour vivre ces idéaux grâce à une expérience de marque complète et épanouissante avec ces connaissances à la barre.

Les plus grandes communautés de marques au monde donnent à leurs membres les ressources nécessaires pour inclure d'autres personnes partageant les mêmes idées dans l'histoire de la marque, l'inspiration pour les maintenir engagés et le pouvoir de répandre l'amour autant qu'ils le peuvent, que ce soit par le biais de récompenses, événements spéciaux, contenu généré par les utilisateurs comme les newsletters ou les défenseurs de la marque.

Il n'y a pas beaucoup plus grande communauté que ça !

Soyez accessible et gentil.

Rendez-vous accessible, conseille Heather Nix, directrice du marketing. Avoir une connectivité directe avec votre communauté et vos consommateurs vous donne un avantage sur les entreprises plus établies alors que vous ne faites que commencer. Racontez un récit de marque pertinent et mettez votre visage devant votre entreprise.

Vous pourriez assumer diverses responsabilités en tant que propriétaire d'une petite entreprise, telles que fournir un service client et fournir un soutien social. Gardez à l'esprit que les premiers supporters de votre marque sont cruciaux pour le développement de votre communauté. La gestionnaire de communauté Molly Milosevic conseille aux entreprises de prendre le temps de connaître leurs fans de médias sociaux et de découvrir ce dont elles pourraient avoir besoin en plus de leur produit.

Les communautés en ligne peuvent améliorer considérablement les relations interpersonnelles et l'expérience client. Ils servent principalement de forum pour l'échange de connaissances entre les personnes. Les clients peuvent avoir des questions ou des problèmes auxquels les habitants de la communauté peuvent répondre, ce qui est particulièrement utile pour les entreprises qui fournissent des biens complexes et des services distinctifs.

De plus, les communautés Internet fournissent aux entreprises des informations utiles. Les responsables de marque peuvent obtenir des informations précieuses sur les préférences des clients en s'engageant régulièrement avec la communauté et en demandant des commentaires afin d'éclairer les choix stratégiques qui améliorent les expériences.

Un sentiment d'appartenance peut également être trouvé dans les groupes en ligne. Les clients se sentent souvent plus liés à l'entreprise et à ses idéaux lorsqu'ils participent, ce qui augmente la fidélité et le bonheur.

Fournir un forum pour les utilisateurs avec différents points de vue.

Si votre entreprise traite d'un sujet délicat ou litigieux, vous devez l'aborder avec calme en éliminant les barrières de mauvaise communication et en inspirant les employés à être réceptifs aux nouvelles idées et opinions.

Telle est la mission de daily en tant que plate-forme pour la communauté religieuse. Des croyances religieuses conflictuelles existent parmi les gens, même au sein d'une même religion, ce qui peut entraîner des débats tendus et une mauvaise communication plus profonde. Cependant, le site Web offre aux utilisateurs la possibilité de partager de manière constructive leurs convictions et opinions religieuses afin que chacun puisse avoir une meilleure compréhension des différentes religions.

Meilleures pratiques pour créer des communautés

Quel serait votre meilleur conseil pour ceux qui cherchent à former une communauté ? Soyez tolérant. Cela n'aura pas lieu tout de suite. Cela n'aura pas lieu dans quelques mois. Il faudra un certain temps pour terminer. Au début, cela peut sembler décourageant. Il peut sembler que vous parlez dans les airs lorsque vous essayez d'accroître la participation de la communauté. La majorité des individus arrêtent probablement d'y penser à ce moment-là, car ils pensent que c'est une perte de temps et ne leur sera d'aucune utilité. Mais si vous ne vous y tenez pas pendant les premiers mois, vous ne construirez jamais une société autosuffisante.

Utiliser des techniques efficaces de construction de communauté

Construire une stratégie communautaire réussie nécessite trois éléments clés : augmenter le trafic, promouvoir la production de contenu et activer de nouveaux utilisateurs. L'inclusion de liens vers votre communauté sur votre site Web, dans les newsletters par e-mail et sur les réseaux sociaux peut augmenter le trafic et encourager les utilisateurs à s'y joindre. Téléchargez notre eBook gratuit sur les intégrations communautaires cruciales pour plus de conseils sur la façon d'augmenter le trafic vers votre communauté. Enfin, l'amélioration du référencement du contenu de votre communauté augmentera considérablement la quantité de découvertes organiques des consommateurs.

Y a-t-il des subventions possibles parce que je ne peux pas me le permettre?

Oui! Nous vous encourageons à soumettre une demande de bourse si vous développez une entreprise communautaire, mais le prix d'adhésion complet est un obstacle pour quelque raison que ce soit.

Il existe deux variétés :

L'autre vise à accroître la diversité de notre cohorte en encourageant les personnes de couleur, celles qui ne font pas partie du spectre binaire des genres et d'autres qui sont sous-représentées dans l'entrepreneuriat à nous rejoindre. La première bourse est basée sur les besoins et est destinée à aider toute personne ayant des besoins financiers, y compris ceux qui vivent dans une région du monde à faible pouvoir d'achat.

Une fois que vous avez été autorisé à rejoindre BACB, vous pourrez soumettre une demande de bourse.

Concentrer l'esprit

Avez-vous déjà eu des problèmes pour concentrer vos efforts sur ce qui est important ?

La valeur que chaque membre de votre communauté reçoit en faisant partie d'un réseau dynamique de personnes se réunissant pour maîtriser quelque chose de fascinant ou d'important, ensemble, peut être générée en créant une communauté en ligne. Cette valeur est magique, affirme la vie, affirme la marque et affirme la passion.

Dans un monde rempli de divertissements sans fin où personne n'a le temps d'apprendre quoi que ce soit de nouveau, cette concentration est merveilleuse.

Planifiez vos objectifs.

Vous devez d'abord avoir une compréhension précise de vos objectifs avant de pouvoir élaborer un plan de marketing. Construire une communauté en ligne n'est pas différent de cela. Certaines personnes pourraient supposer que la création d'une communauté est vraiment simple. La planification est essentielle, cependant, ou vous risquez d'avoir une communauté qui est désengagée et n'obtient aucune réalisation réelle.

Soyez aussi précis que possible lorsque vous définissez vos objectifs. Cela vous aidera à comprendre ce que vous devez accomplir en tant qu'entreprise et le type de matériel et d'activités que vous devez produire pour vos membres.

Parmi les objectifs à prendre en compte figurent le développement de relations sincères, la sensibilisation, l'accompagnement des utilisateurs sur le produit, l'obtention de retours d'expérience, l'augmentation des taux de satisfaction client, l'augmentation des ventes, etc.

Les besoins de vos utilisateurs .

Lors de la création d'une communauté en ligne, veillez à prendre en compte les besoins de vos utilisateurs ainsi que les raisons pour lesquelles votre organisation en a besoin.

Que recherchent les individus lorsqu'ils rejoignent une communauté ? Quelles sont leurs perspectives ? Tendre la main peut être stimulé par un besoin de compagnie, d'informations privilégiées ou de solutions à un problème.

Le secret de son succès est de créer une communauté qui appartient à vos utilisateurs, pas à vous. Bien que vous en bénéficiiez, pour que vous réussissiez, vos utilisateurs - et leurs exigences - doivent passer en premier. Vous pouvez cependant combiner vos objectifs organisationnels avec ce que vos consommateurs trouveront utile.

Communautés en ligne gratuites

Il existe des plateformes "gratuites" comme Face book et Twitter qui fournissent des aspects d'une communauté, mais les utiliser présente des avantages et des inconvénients.

Sa disponibilité pour les consommateurs sans frais et avec un public existant est un avantage significatif. En d'autres termes, tant que vous effectuez des recherches pour déterminer qui vous souhaitez atteindre sur cette plateforme, vous pouvez créer un compte, développer du contenu et le distribuer gratuitement à vos abonnés.

L'inconvénient, cependant, est que vous ne "possédez" pas réellement votre communauté et que vous êtes donc soumis aux choix faits par ces entreprises sur la manière dont la plate-forme distribue votre matériel aux autres. L'algorithme de contenu change juste au moment où vous maîtrisez la plate-forme sur laquelle votre communauté s'appuie.

Initier le public à la culture d'entreprise

Étendre vos valeurs et votre culture aux personnes censées bénéficier de votre produit - les personnes que vous souhaitez servir - est l'un des objectifs de la création d'une communauté autour de votre marque.

Demandez à Holly comment Holly Howard a créé un cabinet de conseil qui donne aux propriétaires d'entreprise les ressources dont ils ont besoin pour se développer tout en adhérant à leur mission. Elle aborde le conseil d'un point de vue culturel et, lorsqu'elle considère la communauté, elle utilise la comparaison suivante.

"Nous voulons voir la culture d'entreprise comme le fondement [...] Elle sert de base, de toute la subsistance et de la source de stabilité, selon Holly.

Une communauté doit changer et s'améliorer.

On ne peut pas "fixer et oublier" une communauté. Il y a des moments où votre programme a besoin de catégories supplémentaires ou même d'une nouvelle fonctionnalité. Il est crucial de changer avec votre communauté si vous voulez que les choses restent excitantes et agréables pour tout le monde. Pour les membres plus expérimentés, vous pouvez proposer plus de niveaux, de badges ou de catégories de niche. Vous pourriez élever des personnes fiables à un poste de direction.

Vous et votre entreprise devriez être sur la voie du succès si vous suivez la recette suivante. Avez-vous d'autres conseils pour réussir ? Commentez-les pour les partager !

Vous voulez produire du contenu, pas du dialogue.

Vous pouvez utiliser les nouvelles histoires, concepts et expériences que vous rassemblez en créant une communauté en ligne sur votre blog, des efforts de marketing de contenu, des newsletters hebdomadaires par e-mail, la création de livres ou de cours en ligne. En réalité, une communauté facilite l'écriture pour vous-même puisqu'elle vous fournit plus de contenu.

Construire une communauté en ligne, cependant, ne vous fournira peut-être pas la même énergie, excitation ou inspiration qu'à d'autres artistes si vous trouvez que l'écriture est votre endroit le plus heureux (suivi en comptant les taux d'ouverture ou les pages vues). Après tout, une communauté implique bien plus qu'une simple publication.

Pour votre communauté en ligne, sélectionnez une plateforme.

Vous avez besoin d'un emplacement pour que votre communauté en ligne puisse se rassembler. Il existe plusieurs approches que vous pouvez adopter ici. Créer un groupe sur un site de médias sociaux existant est la première option. Le choix le plus courant est de créer un groupe Facebook.

Étant donné que bon nombre de vos clients utilisent déjà ces réseaux sociaux et qu'ils sont simples à utiliser, il s'agit de la voie la plus simple.

Un autre choix est de créer votre propre forum. Ce forum peut être une section de votre site Web ou un site Web distinct. Le fait que vous ayez plus de contrôle sur les analyses, les données et les membres est un avantage de cette approche. Cependant, comme il ne fait pas partie d'une plate-forme de médias sociaux bien connue, vous devez en faire davantage la publicité.

Problèmes liés à la plate-forme

Convivialité : Les outils simples à utiliser sont plus susceptibles d'être utilisés. Assurez-vous que votre plateforme est accessible à partir d'un appareil mobile, qu'elle offre une navigation simple et qu'il est facile de s'y connecter.

Prix abordable : de nombreux outils communautaires puissants sont payants, même si votre objectif est de rendre le groupe gratuit pour les membres. Pensez à un outil qui a un coût d'entrée de gamme raisonnable, qui ne diminue pas vos revenus et qui peut évoluer avec votre entreprise à mesure qu'elle se développe.

Alignement des objectifs : Après avoir passé un certain temps à examiner la raison d'être de votre groupe, vous devez avoir une idée précise des caractéristiques qui vous permettront d'atteindre vos objectifs.

Plateformes communautaires que vous possédez

La plate-forme détenue, comme un forum communautaire, vient ensuite. Tous les avantages d'une plateforme de médias sociaux sont disponibles dans cet espace contrôlé par l'entreprise. Cependant, vous avez beaucoup plus de contrôle et de liberté sur la façon dont vous interagissez avec vos utilisateurs. Vous pouvez contrôler une communauté détenue, par exemple, si vous démarrez un blog ou un site Web avec un forum ou une zone de commentaires pour vos visiteurs.

Une communauté possédée a des avantages et des inconvénients, tout comme les communautés libres. Cette fois, commençons par l'inconvénient : du point de vue du public, vous repartez de zéro. Les communautés propriétaires vous offrent plus de contrôle sur la messagerie de votre entreprise, mais avant que les clients ne connaissent votre communauté,

Engagez votre personnel à favoriser un sens de la communauté et de la culture

Sans impliquer votre personnel, il est impossible de développer votre culture d'entreprise. Il sera difficile de communiquer la culture de votre entreprise à un public si vos employés n'y adhèrent pas.

"La communauté extérieure et la culture interne de l'entreprise doivent se refléter [...] Les employés, à mon avis, ne peuvent pas offrir une expérience qu'ils n'ont pas eue eux-mêmes. Par conséquent, nous devons nous assurer de donner la même expérience en interne si nous vendent cette expérience à notre communauté, dit Holly Howard.

Kelly Phillips, co-fondatrice du collectif de restaurants Destination Unknown, soutient l'idée de construire une culture interne fantastique qui contribue à votre communauté extérieure en changeant activement la culture des travailleurs de service dans ses établissements.

L'étape suivante consiste à élaborer un plan fondamental sur la façon de produire la valeur que vous recherchez après l'avoir définie. Vous devez développer une stratégie fondamentale qui décrit comment impliquer les membres, quels sujets mettre l'accent, comment apprendre et améliorer les nombreuses activités que vous ferez. Cependant, toute stratégie ou plan doit être rapide et facile à mettre en œuvre. Bien que vous deviez être réaliste et choisir les prochaines actions urgentes qui vous aideront à vérifier votre hypothèse et à favoriser la communauté, vous devez garder les yeux sur la situation dans son ensemble (la vision globale).

Une communauté de marque : qu'est-ce que c'est ?

Une communauté de marque est, pour le dire simplement, la quintessence de la fidélité à la marque. Les personnes émotionnellement impliquées dans votre entreprise achèteront chez vous, liront votre matériel, parleront de vous à leurs amis et à leur famille, et plus encore.

Cependant, la notoriété de la marque n'est pas la même chose qu'une communauté de marque.

Quelqu'un n'est pas automatiquement membre d'une communauté de marque engagée ou même engageable simplement parce qu'il connaît votre marque ou a effectué un achat auprès de celle-ci.

Au lieu de cela, votre communauté de marque se compose d'individus qui aiment regarder tout ce que fait votre marque, qui partagent vos produits/services et votre contenu avec d'autres, et qui suivent tout votre matériel sur les réseaux sociaux.

Fournissez une plate-forme à votre communauté

Vous aurez besoin d'une plate-forme sur laquelle vous pourrez transmettre votre message ainsi que d'un emplacement où votre communauté pourra se rassembler, communiquer et interagir avec votre startup et les unes avec les autres lorsque vous établirez votre communauté de pré-lancement.

Le social en est un exemple clair. Pour toute startup, développer une forte présence sur les réseaux sociaux est essentiel. Il peut s'agir d'un média social spécifique à une marque , ou vous pouvez commencer à cultiver votre communauté sur vos comptes personnels de médias sociaux.

Les plates-formes de médias sociaux suivantes peuvent être utilisées : groupes Facebook, Reedit et subedits, Integra, Interest, Twitter et YouTube. Mais toutes les plateformes de réseaux sociaux ne sont pas égales. Par exemple, l'intérêt n'est peut-être pas l'idéal si votre entreprise est principalement axée sur les hommes.

Les conventions varient selon le public.
Il peut également y avoir des coutumes particulières pour des publics particuliers, ce qui ne fait que compliquer davantage les problèmes.

Un candidat récent a déclaré que l'engagement avait considérablement diminué après le passage de Discourse à sa plate-forme de force de vente liée. Au lieu de cela, les développeurs avaient commencé à utiliser un canal Slack hébergé par les membres.

Pourquoi cela a-t-il eu lieu ?

Discourse fournit des fonctionnalités que les développeurs préfèrent et connaissent mieux, car elles sont meilleures pour les développeurs. Les développeurs utilisent fréquemment Discourse, et cette pratique est communément acceptée. Les inclinations naturelles sont généralement plus fortes que les vôtres, vous risquez donc de perdre.

De la même manière, j'ai récemment dissuadé un développeur de jeux de créer un forum où les joueurs pourraient se rassembler et parler. En termes simples, les joueurs ne s'y rassemblent plus. Ils aiment Reedit, Discord et d'autres sites.

Trouvez un objectif sur lequel tous les membres peuvent s'entendre.

La première étape pour créer un engagement tout au long de l'année consiste à définir un sens du but qui sonne vrai tous les jours de l'année.

Le chef de produit de Notified, Allie Magyar, a commencé comme planificateur de réunions. Elle a ensuite fondé sa propre entreprise de technologie événementielle et s'est associée à Notified. Elle a déclaré lors d'un récent webinaire co-organisé avec l'American Marketing Association : "En tant que spécialistes du marketing, nous sommes souvent pris au piège entre ce que notre entreprise veut communiquer et ce qui intéresse réellement les clients. "Nous devons déterminer où ces deux couper."

Avant d'essayer de trouver l'intersection des deux autoroutes, examinez les nombreux spectateurs qui sont assis derrière le volant.

Une communauté de marque existe au profit de ses membres.

Les managers oublient souvent le fait que les clients sont de véritables individus avec des exigences, des intérêts et des obligations variés. Au lieu de générer des revenus, une marque communautaire fidélise la clientèle en aidant les clients à répondre à leurs exigences. Contrairement à ce que les spécialistes du marketing pourraient croire, cependant, les exigences que les communautés de marque peuvent remplir vont au-delà de la simple mise en place d'un nouveau personnage ou de l'obtention d'un prestige via l'identification de la marque. Les gens se joignent à des communautés pour un certain nombre de raisons, notamment le développement d'intérêts et de compétences, le soutien émotionnel et les encouragements, et la recherche de méthodes pour aider le plus grand bien. Les communautés de marque sont un outil pour les membres, pas un objectif en soi.

Qu'est-ce qui se passe quand mon équipe semble suffisamment satisfaite et que nous sommes dans les temps pour atteindre nos objectifs ? C'est une excellente requête. En surface, les choses peuvent sembler aller bien, mais creusez un peu plus, et souvent, la situation est assez différente. Plus encore dans les équipes hybrides où les écrans d'ordinateur peuvent constituer des obstacles à la promotion des communautés sur le lieu de travail.

Un tiers des travailleurs américains déclarent ressentir un sentiment de vide ou d'aliénation au travail, selon une étude de Cigna. Le sondage fournit des informations sur la façon dont la solitude affecte les entreprises. Le résultat net est gravement touché par la baisse de productivité, l'augmentation des maladies, l'absentéisme et le roulement de personnel. La conclusion du rapport se lit comme suit : "Si nous pouvons commencer à interagir avec les individus au travail avec plus de succès.

Encourager la participation

Encouragez les conversations et augmentez l'engagement via diverses plateformes comme autre stratégie pour créer une communauté pour votre marque. Les médias sociaux sont un outil très puissant et une méthode fantastique pour communiquer avec les fans de votre entreprise. Pour développer la communauté, vous pouvez organiser des sondages et des concours ou distribuer une newsletter hebdomadaire ou mensuelle aux abonnés par e-mail. Ils peuvent se tenir informés de tout ce qui se passe dans votre entreprise tout en s'amusant de cette façon.

Imaginez un quartier comme un arbre . Pour que l'arbre pousse, vous devez planter les graines et prendre soin des racines chaque jour. Les graines se flétriront sans aucun soin ni eau.

Les communautés en ligne existent depuis un certain temps. Une référence définitive sur la procédure étape par étape pour la mise à l'échelle et l'expansion d'une communauté fait néanmoins défaut.

Il y a des informations partout, mais jusqu'à aujourd'hui, personne n'a vraiment laissé entendre sur la façon de développer une communauté.

Plusieurs facteurs entrent en compte dans la création d'une communauté réussie, notamment la sélection de la meilleure plateforme, le recrutement des premiers membres, la tenue d'événements et la modération. Nous avons tout couvert.

N'oubliez pas que YouTube est une plateforme de réseautage social.
Il est simple de se référer à tort à YouTube comme étant uniquement un site Web qui héberge des vidéos en croyant qu'il s'agit exclusivement de vidéos.

Il serait incorrect de voir YouTube à travers une telle lentille, surtout si vous souhaitez créer une communauté.

Vous devez garder à l'esprit que même si les gens peuvent visiter YouTube pour du contenu, ils reviennent fréquemment sur une chaîne YouTube en développement particulière pour le sens de la communauté et de la connexion si vous voulez réussir à créer une communauté de médias sociaux sur la plate-forme.

Comme vous le feriez sur n'importe quelle autre plate-forme de médias sociaux, il est souvent possible d'évaluer ce sentiment de communauté et de connexion en examinant l'interaction plutôt que les vues.

Pourquoi les communautés virtuelles doivent être préférées aux réseaux sociaux

Les gens se détournent des réseaux sociaux comme Facebook pour diverses raisons, notamment la diffusion de fausses nouvelles et de discours de haine, les problèmes de confidentialité et la lassitude publicitaire.

Les entreprises intelligentes ont pris note de ce développement et ont développé des communautés exclusives où les utilisateurs peuvent interagir dans un environnement sécurisé et établir des relations plus profondes. De nombreuses entreprises ont même cessé d'utiliser Face book pour leur publicité, comme Levi's et Hershey's, soulignant la tendance à s'éloigner des réseaux sociaux.

En fait, de nombreuses recherches démontrent que les communautés en ligne peuvent fournir aux entreprises un avantage concurrentiel considérable. Le lancement de leur réseau a permis à la société d'outils électriques DEWALT d'économiser 6 millions de dollars en dépenses de recherche.

Pourquoi créer une communauté de marque ?

Vous pouvez progresser de bien des façons avec l'aide d'une communauté de marque. C'est le secret d'un marketing efficace, d'abord et avant tout. Les membres aident non seulement à faire passer le message, mais apportent également une touche humaine à votre récit. Ils donnent à la communauté une touche personnelle et démontrent aux autres qu'eux aussi peuvent en faire partie.

Deuxièmement, vous obtenez un accès immédiat aux personnes qui comptent vraiment - votre marché cible. Votre communauté de marque peut être utilisée pour tester de nouveaux produits ou services, obtenir des commentaires sur les concepts de conception et faire des choix plus éclairés et axés sur le client.

Il est crucial de garder à l'esprit qu'il existe déjà une communauté pour votre marque quelque part.

Déterminez vos objectifs.

Vous devez créer des objectifs pour l'ensemble de votre entreprise, pas seulement pour le référencement, le contenu ou les médias sociaux, dans l'espoir que vous en ayez marre de m'entendre le répéter à ce stade. Ces objectifs constituent les pierres angulaires de la stratégie et de l'orientation de votre entreprise (et pas seulement en termes de marketing ou d'engagement communautaire).

Vous pouvez définir des objectifs ambitieux et audacieux pour votre entreprise qui sont plus visionnaires, ainsi que des objectifs de projet à court terme plus gérables que vous avez en tête pour créer des choses, construire des choses et simplement faire des choses que vous aimeriez faire. Combinez les deux. Vous pouvez organiser et hiérarchiser ces tâches lorsque vous arrivez à la section lorsque vous créez votre stratégie.

Comment puis-je en faire la publicité ?

Traitez votre communauté comme vous le feriez pour n'importe quel autre produit et créez une feuille de route pour les améliorations futures.

Je crois passionnément à l'utilisation de la capacité des communautés à favoriser un sentiment de communauté et à encourager le partage. Par conséquent, je crois qu'il est crucial de maintenir cela au centre de la création d'une communauté. Les gens sont plus enclins à diffuser la nouvelle et à recruter des gens pour votre cause s'ils se sentent à leur place.

Par exemple, j'ai déjà été bénévole chez Techs tars en tant qu'organisateur et facilitateur mondial, organisant ou animant des Startup Weekends dans le monde entier. Mon intérêt initial pour les entreprises et la technologie est venu de ma participation à mon premier Startup Weekend il y a des années.

Maintenir leur participation est crucial une fois que vous avez des membres dans votre communauté en ligne . Cela peut prendre de nombreuses formes différentes et dépendra également des motivations de chaque membre à vouloir participer et à être un membre actif. La base d'une gestion de communauté en ligne efficace dans un contexte de recherche consiste à fournir à vos membres un large éventail d'activités. Toutes ces actions renvoient à l'objectif que vous vous êtes fixé pour le quartier et à vos projets de recherche plus larges. Vous préparez des sondages que les membres doivent remplir au centre. L'une des méthodes les plus simples pour impliquer vos membres est de le faire.

Utilisez les médias sociaux.

Nous aimons tous interagir avec des individus comparables, et l'accessibilité et la portée des médias sociaux nous ont permis de localiser nos tribus à la fois au pays et à l'étranger. De plus, vous avez envie d'interagir avec le matériel de quelqu'un lorsque vous vous connectez avec lui.

Les parents peuvent se succéder pour leurs histoires amusantes et leurs conseils parentaux. Les amateurs de fitness partagent leurs plans d'entraînement et leurs fabricants de vêtements préférés. Les gourmets recommandent des restaurants et partagent de délicieuses recettes avec d'autres passionnés de cuisine. La liste continue.

Les médias sociaux sont la plate-forme idéale pour créer une communauté forte car les utilisateurs sont déjà impliqués dans ces sous-cultures. Alors, adaptez-vous à l'endroit où se trouve votre public.

La qualité doit précéder la quantité
Créez un ensemble de normes de qualité et respectez-les. Bien que cela puisse ralentir l'expansion de la communauté, cela sera dans l'intérêt de tous. De plus, cela favorisera un sentiment d'exclusivité. Vous pouvez fréquemment utiliser le facteur qualité comme support pour la promotion de votre communauté. Naturellement, cela signifie que vous devrez parfois dire non. Si cela se produit, soyez poli et expliquez votre décision en détail. L'établissement et le maintien de normes de qualité sont une composante essentielle de notre offre de services et pour les consultants de notre communauté étant donné que nous œuvrons dans l'industrie du conseil.

Faites appel aux ambassadeurs de la marque

Sans dépasser votre budget, les ambassadeurs de marque peuvent générer autant de publicité pour votre entreprise que les influenceurs. Votre marque peut recevoir des millions d'impressions gratuites grâce au contenu généré par les utilisateurs que vos abonnés dévoués peuvent fournir tout en élargissant considérablement votre communauté. Les consommateurs d'aujourd'hui aiment interagir avec et promouvoir leurs entreprises préférées sur les réseaux sociaux. De plus, les programmeurs ambassadeurs permettent à vos partisans les plus ardents de promouvoir votre entreprise et vos articles en votre nom. Ces clients dévoués bénéficient fréquemment d'avantages tels qu'un kit de bienvenue contenant des produits de marque, la possibilité de publier leurs avis sur les réseaux sociaux et la possibilité d'organiser des tirages au sort. En échange, ils aident votre entreprise à grandir.

Augmentez la valeur à vie de chaque client
À l'ère actuelle des organisations axées sur le client, le succès d'une entreprise dépend fortement de sa capacité à fidéliser ses clients.

De nombreuses entreprises croient encore que remonter et parler au client dans les e-mails augmenterait la fidélité. Alors qu'en fait, établir de véritables relations basées sur la confiance est la raison d'être de la loyauté.

Les communautés virtuelles privées encouragent les connexions positives entre les pairs et les marques.

Les clients peuvent avoir un impact sur le parcours de l'entreprise à travers les communautés de clients en échangeant des opinions et des réflexions sur les biens et services. Cela renforce votre relation avec eux et augmente leur fidélité en faisant d'eux un allié et une composante essentielle de votre entreprise.

Trouver les meilleures plates-formes pour mettre en œuvre votre plan peut être fait après que vous en ayez créé les bases. Plusieurs options sont disponibles ici, notamment :

Les médias sociaux sont le meilleur moyen de créer une communauté de marque, que vous utilisiez votre propre profil de marque ou que vous démarriez un groupe. Vous pouvez partager rapidement du contenu généré par les utilisateurs et la marque, initier des conversations et diffuser un buzz général dans la communauté avec un potentiel de portée énorme.

Prix et parrainages : encouragez la fidélité en offrant des prix comme des points pour les achats, ou des offres exclusives et des réductions pour les membres. Donner un incitatif financier pour chaque référence faite est une autre façon de favoriser la croissance de la communauté.

Exécutez toutes les actions de l'étape.
Commencez à travailler sur votre plan maintenant qu'il a été rédigé. Assurez-vous que le suivi et la mesure appropriés sont en place afin que vous puissiez obtenir des informations sur vos KPI. Ensuite, respectez votre plan et agissez de manière cohérente. Les membres de votre équipe (et d'autres équipes) continueront de vous approcher avec des idées qui semblent émerger mais qui ne font pas vraiment partie du plan. C'est votre chance de leur dire de "vérifier les objectifs, bébé" (ainsi que la stratégie que vous avez développée pour y arriver). Il y aura des situations (situations urgentes) qui pourraient vous obliger à modifier votre plan d'action.

Des entreprises qui excellent dans l'engagement communautaire

Bien que je n'aie pas vu beaucoup d'entreprises créer des communautés dirigées en particulier par des chefs de produit, j'en ai vu plusieurs qui sont excellentes pour se connecter avec leurs fans de diverses manières.

Le mot "communauté" a aujourd'hui un large éventail de significations. Par exemple, je classe les podcasts, les blogs et les forums de discussion comme des communautés en ligne. Comme les groupes traditionnels en personne, ils encouragent l'interaction, suscitent le dialogue, motivent l'action et favorisent le partage.

Voici plusieurs entreprises qui ont développé des communautés fantastiques, chacune adaptée aux préférences et aux demandes de son propre public :

La phase suivante d'un plan de gestion de communauté en ligne consiste à continuer à développer votre communauté . Vous avez établi une communauté et avez un fort niveau d'implication. Augmenter le nombre de membres que vous avez garantira que vous entendez toujours de nouvelles idées de la part des membres. Cela gardera votre communauté vivante et active et l'empêchera de devenir obsolète avec le temps. Même les communautés les plus prospères connaissent des périodes d'attrition où elles doivent reconstruire leur communauté et recruter de nouveaux membres. Pour vous assurer que vous continuez à acquérir les connaissances dont vous avez besoin pour votre étude, il est crucial de poursuivre dans cette voie et de l'inclure dans votre plan de gestion de votre communauté en ligne.

Parlez la langue de votre communauté

Chaque communauté a un membre fondateur. Vous devriez être le meilleur citoyen de votre quartier. Vous ne pourrez pas comprendre leurs demandes et leur fournir de véritables services à valeur ajoutée si vous ne comprenez pas comment les membres potentiels de la communauté agissent, pensent et ressentent. Compte tenu de ma propre expertise en tant que consultant indépendant, la création d'un réseau d'entre eux était considérablement plus simple. J'ai pu très bien appréhender les difficultés d'être consultant et ajouter mes propres expériences aux dialogues.

Chaque communauté est évidemment unique et sa gestion doit s'adapter en conséquence, mais peu importe le type de communauté que vous souhaitez créer, vous devez apprendre leur langue.

Pour plus de contrôle, utilisez des plateformes communautaires de marque.

La première chose qui vient à l'esprit lorsque les gens pensent à créer une communauté en ligne est d'utiliser les plateformes de médias sociaux comme plateforme ; cependant, ils ont un certain nombre de limites, c'est pourquoi il est préférable d'utiliser des plateformes communautaires de marque. Bien que gratuits et offrant les avantages des recherches interservices, les services de réseaux sociaux comme LinkedIn et Face book ne vous donnent pas un contrôle total sur le site Web, ce qui signifie que les publicités et autres messages peuvent devenir une distraction. Les plates-formes communautaires de marque, comme Thinfic, sont entièrement gérées par leurs propriétaires, qui ont un contrôle total sur la marque, l'accès et la publication de contenu. De plus, les plateformes de marque n'ont pas les distractions qui sont courantes sur les plateformes gratuites.